장 앙리 파브르

장 앙리 파브르

유타루 글 하민석 그림

비룡소

산 중턱에 봄기운이 퍼지더니 꽃들이 활짝 피어났어요. 꽃을 찾아 벌들이 붕붕 날아다녔어요. 그중 몇몇 벌은 꽃에 내려앉았지요.

장 앙리는 꽃에 앉은 벌에게 다가갔어요.

"벌아, 꽃가루는 다리에 잔뜩 묻혀서 뭐 하려고 그래? 잠깐, 나는 쏘지 말아 줘, 응?"

장 앙리는 친한 친구를 대하듯 벌에게 다정하게 말을 걸었어요.

꽃에서 꿀을 빨던 벌이 갑자기 날아올랐어요. 장 앙리는 얼른 뒤따라갔지만 벌을 놓치고 말았어요.

"벌은 어디에서 살까? 벌은 집에서 무엇을 할까?"

장 앙리는 다른 벌을 쫓아갔어요. 이번에도 벌은 금세 사라졌어요. 장 앙리는 포기하지 않고 또 다른 벌을 쫓아갔어요.

그때 옆에서 철퍼덕 하고 젖소가 똥을 누었어요.

"에이, 더러워!"

장 앙리는 폴짝 뛰어 쇠똥을 피했어요. 그랬다가 곧 눈을 반짝이며 쇠똥 가까이 다가섰어요. 쇠똥 위에서 까맣고 동그랗게 생긴 벌레가 쇠똥을 굴려 구슬 모양으로 만들고 있었거든요.

"쇠똥으로 구슬을 만들다니. 넌 솜씨가 좋구나."

장 앙리는 벌레를 붙잡아 집으로 돌아갔어요.

"할머니, 이 벌레는 이름이 뭐예요?"
장 앙리가 할머니에게 벌레를 내밀어 보였어요.
"쇠똥구리란다."
"아하! 쇠똥을 좋아해서 붙은 이름인가 봐요."
"아유, 우리 장 앙리는 똘똘하기도 하지."
하지만 할아버지는 딱하다는 듯 말했어요.
"같이 놀 친구가 없어서 만날 벌레만 가지고 다니니 안쓰럽구려. 쯧쯧."

곤충을 좋아한 소년, 장 앙리 파브르는 1823년 프랑스의 생레옹이란 작은 마을에서 태어났어요. 동생이 태어난 뒤로는 집을 떠나 할아버지, 할머니와 함께 살았어요. 장 앙리의 부모님은 너무 가난해서 두 아이를 함께 돌볼 수 없었거든요.

할아버지 집은 산 중턱에 외따로 있어서 이웃에 같이 놀 친구가 없었어요. 하지만 장 앙리는 친구가 없어도 괜찮았어요. 벌레들과 놀다 보면 친구들이랑 노는 것처럼 신이 나고 재미있었거든요. 아버지와 어머니를 보고 싶은 마음도 참을 수 있었어요.

맴맴 맴맴 매미가 울어 대는 여름이 되었어요.
장 앙리는 나무에 붙은 매미를 바라보며 말했어요.
"너는 대단한 연주가구나."
그 말을 들었는지 매미는 더 크게 울었어요.
장 앙리가 살금살금 다가가서 매미를 붙잡았어요. 그러자 매미가 울음을 뚝 그쳤어요. 장 앙리는 매미가 다시 울기를 기다렸지만 매미는 좀처럼 울지 않았어요.

장 앙리는 기다리고 또 기다렸어요. 마침내 매미가 장 앙리의 손 안에서 맴맴 울음을 터뜨렸어요. 장 앙리는 우는 매미를 찬찬히 살펴보았어요.

　"매미가 울 때는 배 윗부분이 떨리네. 여기서 소리가 나나 봐."

　장 앙리는 매미를 놓아주며 또 다른 궁금증을 품었어요.

　'매미는 그동안 어디서 살았을까? 어디에 있다가 여름만 되면 나타나서 이렇게 울까?'

 일곱 살이 된 장 앙리는 할아버지 집을 떠나 부모님 곁으로 돌아갔어요. 초등학교에 다니게 되었거든요.

생레옹 마을 초등학교는 아주 작았어요. 선생님은 한 명뿐이었고, 건물은 선생님이 사는 오두막이었어요.

공부를 하다 보면 마당에서 키우는 돼지랑 닭들이 교실 안으로 들어오곤 했어요. 장 앙리는 돼지랑 닭이랑 장난치는 것이 공부보다 재미있었어요. 교실 밖에서 벌과 나비를 구경하고, 달팽이와 풍뎅이와 개구리를 붙잡아 노는 것도 마냥 좋았지요.

하루는 아버지가 장 앙리를 불러 말했어요.

"장 앙리야, 학교에서 뭘 배웠는지 어디 한번 보여 주겠니? 글씨를 좀 써 볼까?"

장 앙리는 글씨를 제대로 쓸 줄 몰라서 머리만 긁적였어요. 아버지는 깜짝 놀랐어요. 아들이 그동안 학교를 빠지지 않고 열심히 다닌 것을 잘 알았거든요.

아버지는 곰곰 생각하더니 장 앙리를 혼내는 대신 책을 한 권 사 주었어요.

"우아, 동물 그림이다."

책에는 개구리, 고양이, 기린, 당나귀, 토끼 같은 동물 그림이 가득했어요. 그리고 그림 옆에는 동물의 이름들이 쓰여 있었어요.

동물을 좋아하는 장 앙리는 책을 보고 또 보았어요. 그러는 사이에 장 앙리도 자연스레 글을 읽고 쓸 줄 알게 되었지요.
　아버지는 장 앙리에게 동물 그림책을 한 권 더 사 주었어요. 장 앙리는 책 보는 재미에 푹 빠졌어요.

장 앙리가 열 살 되던 해, 장 앙리네 가족은 생레옹을 떠나 큰 도시로 갔어요.

아버지가 작은 가게를 열었지만 장사는 잘되지 않았어요. 장 앙리는 학교 합창단에 들어간 덕분에 겨우 학교를 다닐 수 있었어요. 하지만 곧 그마저도 어려워졌어요. 가게 문을 닫고, 이사를 해야 했거든요.

아버지는 가게를 새로 열었지만 또다시 실패하고 말았어요. 장 앙리는 학교를 다니는 대신에 돈을 벌어야 했어요.

장 앙리는 여러 마을을 돌며 온갖 일을 했어요. 철도를 놓는 공사장에서 일하기도 하고, 시장에서 레몬을 팔기도 했지요.
"레몬 사세요! 새콤새콤한 레몬 사세요!"
아무리 배가 고파도 레몬을 먹을 수는 없었어요. 그래서 장 앙리는 배가 고플 때면 더 큰 소리로 외쳤어요.
"새콤새콤 싱싱한 레몬 사세요!"

   장 앙리는 하루하루가 너무 힘들고 괴로웠어요.
   이런 장 앙리에게 힘이 되어 준 친구는 벌, 나비, 매미, 쇠똥구리 같은 곤충들이었어요. 어릴 때부터 장 앙리는 곤충들을 보면 자기도 모르게 힘이 나고 용기가 생겼어요.

"어, 못 보던 곤충이네. 이건 뭘까?"

장 앙리는 새로운 곤충을 보면 가까운 학교 도서관에 갔어요. 곤충 도감에서 무슨 곤충인지 찾아보기 위해서였지요.

"아, 작은 풍뎅이구나. 풍뎅이도 날개는 네 개, 다리는 여섯 개네. 곤충들은 서로 다르게 생겼어도 날개와 다리의 수가 대부분 같단 말이야. 몸은 머리, 가슴, 배로 이루어져 있고."

어느 날 장 앙리는 반가운 소식을 들었어요. 아비뇽 사범 학교에서 학생을 뽑는다는 거였지요.

"장학생으로 뽑히면 학비가 안 들고 기숙사에서 살 수도 있어. 시험 과목에 내가 잘하는 라틴어도 있으니까 한번 도전해 보자."

장 앙리는 레몬을 파는 틈틈이 열심히 공부했어요. 그리고 입학시험에서 당당히 합격했지요. 그토록 바라던 장학생으로도 뽑혔어요.

그런데 사범 학교 이 학년 때부터 장 앙리의 성적은 점점 나빠졌어요. 장 앙리가 들판에서 잡은 곤충들을 가지고 노는 데 정신이 팔려 있었거든요. 수업 시간에 벌의 꽁무니에서 빼낸 침이나 매미의 허물을 관찰하는 일도 흔했어요.

"장 앙리는 정말 엉뚱해. 곤충 괴짜라니까."

친구들은 장 앙리를 놀려 댔어요. 그래도 장 앙리는 수업만 끝나면 곤충들이 있는 들판으로 달려갔어요.

　교장 선생님은 장 앙리를 불러 꾸중하듯 물었어요.
　"자네는 입학시험에서 장학생으로 들어오지 않았나? 도대체 왜 수업에 열중하지 않는 건가?"
　장 앙리는 망설이다가 용기를 내어 말했어요.
　"수업 시간에 딴짓을 한 것은 제 잘못입니다. 수업 내용이 제가 벌써 다 알고 있는 것들이어서 공부에 흥미가 떨어졌어요. 저를 삼 학년으로 올려 주세요."

교장 선생님은 장 앙리의 얘기를 듣고 퍽 놀랐어요. 그러면서도 장 앙리에게 기회를 주기로 했지요.
 "좋아. 단, 수업 시간에 벌레를 가져오면 안 되네."
 그때부터 장 앙리는 삼 학년생들과 함께 수업을 들었어요. 교장 선생님과 약속한 대로 열심히 공부한 장 앙리는 사범 학교를 이 년 만에 졸업했어요.

사범 학교를 졸업한 열아홉 살의 장 앙리 파브르는 카르팡트라스에 있는 작은 학교의 선생님이 되었어요.
파브르는 아이들에게 인기가 많았어요. 아이들은 특히 파브르의 과학 수업을 좋아했지요.

하루는 파브르가 책상 위에 무언가를 잔뜩 늘어놓았어요.

"파브르 선생님, 이게 다 뭐예요?"

"실험 도구란다. 오늘은 산소를 찾아볼 거야."

파브르가 불씨만 남은 초를 산소가 든 유리병에 넣자 불이 확 살아났어요.

"우아, 정말 신기하다!"

파브르는 실험 도구를 이용하여 산소를 찾는 방법을 아이들에게 알려 주었어요.

파브르네 반 아이들은 대부분 집에서 농사짓는 일을 도왔어요. 그래서 파브르는 아이들에게 땅의 길이와 넓이를 재는 방법을 알려 주기로 했어요.

파브르는 아이들을 데리고 들로 나갔어요. 그런데 아이들 몇몇이 한쪽에 모여 웅성거렸어요.

"뭔데 그러니?"

"선생님, 진흙 벌집에 꿀이 있어요."

아이들은 땅 위로 솟은 벌집에 대롱을 꽂아 꿀을 빨아 먹었어요. 파브르도 꿀을 먹어 봤어요.

'흙으로 이렇게 멋진 집을 짓다니, 놀라운걸.'

파브르는 처음 본 미장이벌에게서 눈을 떼지 못했어요. 그 후 파브르는 자주 들로 나가 미장이벌을 관찰했어요.

"어휴, 지겹지도 않으세요, 선생님?"

"아니, 난 아무리 봐도 재미있기만 한걸."

파브르는 한자리에서 꼼짝도 하지 않고 미장이벌이 어떻게 집을 짓는지 꼼꼼히 살폈어요.

파브르는 스물한 살에 같은 학교 선생님인 마리 세자린 빌라르와 결혼했어요.

결혼한 뒤로 파브르는 더 열심히 공부해서, 수학과 과학 과목의 교사 자격증을 땄어요. 그러고 나서 코르시카섬에 있는 아작시오 중학교의 선생님이 되었어요.

코르시카섬은 너른 바다와 높은 산이 멋진 곳이었어요. 파브르는 수업이 끝나면 섬을 돌아보며 곤충이나 식물, 조개 같은 생물들을 관찰하고 채집했어요.

그러던 어느 날, 생물학자 모켕 탕동이 식물을 채집하기 위해 코르시카섬에 왔어요. 파브르가 섬을 안내하며 모켕 탕동을 도와주었지요.

한편 모켕 탕동은 파브르에게 자연을 연구하는 여러 가지 방법을 알려 주었어요.
"파브르 씨, 곤충을 더 연구해 보면 어떻겠습니까?"
파브르는 모켕 탕동의 말을 곰곰 곱씹어 보았어요. 그러고 곧 마음을 굳혔지요.
'내가 가장 좋아하는 것은 곤충이야. 곤충이 없다고 생각하면 아찔한걸. 그래, 평생 곤충을 관찰하고 연구하는 곤충학자가 되는 거야.'

코르시카섬에 온 지 사 년째 되던 해, 파브르는 무서운 열병에 걸렸어요. 그런데 코르시카섬에는 의사가 없었어요. 파브르는 치료를 받기 위해 섬을 떠나야 했어요.

 다행히 얼마 지나지 않아 파브르는 병이 나았어요. 파브르는 아비뇽 사범 학교에서 학생들을 가르치기 시작했어요.

 파브르는 변두리에 작은 집을 빌려서 아내와 세 아이들, 그동안 떨어져 살았던 부모님과 함께 살았어요.

 새집은 너무나 좁아서 파브르의 공부방을 따로 둘 수 없었어요. 파브르는 부엌 한쪽 구석에 책상을 놓았어요. 책상은 수건 한 장을 펼친 것만큼 아주 작았어요. 그래도 파브르는 작은 책상이 전혀 불편하지 않았어요.

 '공부하고 연구하는 데 책상 크기가 무슨 상관이야.'

 파브르는 가족들이 떠들고 이야기하는 소리에도 아랑곳하지 않았어요. 매일 밤늦게까지 작은 책상 앞에 앉아 곤충에 관한 책을 읽고, 잡아 온 곤충들을 들여다보았지요.

 파브르는 학생들을 레장글레 언덕으로 자주 데려갔어요. 레장글레 언덕에는 곤충들이 많았어요. 쇠똥구리도 어렵지 않게 발견할 수 있었어요.
 "여기 쇠똥구리가 열심히 쇠똥을 굴리고 있구나."
 학생들이 파브르 곁으로 몰려들었어요.
 "우아, 정말이네. 그런데 파브르 선생님, 쇠똥구리는 쇠똥 구슬을 가져가서 대체 뭐에 쓰는 걸까요?"

"쇠똥구리의 생활에 대해서는 잘 알려져 있지 않아. 쇠똥 구슬은 아마 자기가 먹으려고 만드는 거겠지."

"쇠똥구리는 알은 어디에 낳고, 깨어난 애벌레는 어떻게 자라나요?"

"책에는 쇠똥구리가 쇠똥 구슬 속에 알을 낳은 뒤 굴린다고 쓰여 있어. 하지만 내가 쪼개 본 쇠똥 구슬 속에는 알이나 애벌레가 없었어."

파브르는 쇠똥구리가 굴리던 쇠똥 구슬을 주워 쪼개 보이며 말했어요.

"여기에도 없구나. 책에 있는 내용이 맞는지, 틀린지 한번 알아보자꾸나."

 파브르의 말에 학생들이 쇠똥 구슬을 찾으려고 여기저기로 흩어졌어요. 파브르도 쇠똥구리가 어디 있나 두리번거리면서 생각했어요.

 '책에 쓰여 있듯이 쇠똥구리가 쇠똥 구슬 속에 알을 낳는다면, 쇠똥 구슬을 막 굴려도 괜찮을까? 속에 든 알이 다치거나 죽지는 않을까? 알에서 깬 애벌레는 쇠똥 속에서 어떻게 살까? 애벌레에서 번데기를 거쳐 어른벌레가 된 쇠똥구리는 어떻게 쇠똥 구슬 속에서 나올까?'

　잠시 후 이리저리 흩어졌던 학생들이 쇠똥 구슬을 찾아 돌아왔어요. 파브르와 학생들은 쇠똥 구슬을 하나씩 갈라 보았어요. 하지만 그 어떤 쇠똥 구슬에서도 알이나 애벌레는 찾을 수 없었어요.
　"아쉽지만 오늘은 그만 돌아가자."

파브르는 쇠똥구리를 집으로 가져와 키웠어요. 더 자세히 관찰하기 위해서였지요. 하지만 상자 안의 쇠똥구리는 쇠똥 구슬을 만들다 말거나 죽어 버리기 일쑤였어요. 알이나 애벌레도 전혀 볼 수 없었어요.

파브르가 생각하기에 쇠똥구리에게 가장 좋은 환경은 자연 그대로였어요. 나무 상자에 흙을 깔고 풀을 키운다 해도 들판과는 달랐지요.

'쇠똥구리의 비밀을 밝혀내려면 아무래도 시골에서 살아야 할 것 같아. 도시에서는 쇠똥구리를 관찰하고 연구하기가 어렵잖아. 날마다 레장글레 언덕에 가 있을 수도 없고.'

 하지만 당장 시골로 이사할 수는 없었어요. 가족과 함께 살아가려면 도시에서 돈을 벌어야 했어요.

 아이들을 가르치고 바쁘게 일하면서도 파브르는 쇠똥구리를 잊지 않았어요. 언젠가는 쇠똥구리의 비밀을 꼭 밝혀내고 싶었지요.

그 무렵, 파브르는 레옹 뒤푸르라는 곤충학자가 쓴 책을 읽고 큰 감명을 받았어요. 곤충들이 어떻게 살아가는지 관찰한 기록을 모은 책이었어요.

'곤충 표본을 만드는 것도 중요해. 하지만 곤충의 신체 구조와 생활 습성, 특성을 자세히 관찰해서 곤충들의 세계를 이해하는 것이 더 중요해.'

레옹 뒤푸르의 책에는 비단벌레를 잡는 비단벌레노래기벌에 대해 자세하게 적혀 있었어요.

'벌들이 꿀만 먹고 사는 줄 알았는데 사냥도 하네. 자기 새끼에게 먹이로 주려고 잡나 봐.'

파브르는 비단벌레노래기벌의 사냥 이야기를 읽고 또 읽었어요. 그러다가 고개를 갸우뚱했어요.
 '비단벌레노래기벌에게 잡혀간 비단벌레는 일주일이 지나고 이 주일이 지나도록 썩지 않는다고 했어. 뒤푸르는 그 이유가 비단벌레노래기벌의 벌침 속에 든 방부제 때문이라고 생각했지. 그게 정말일까?'

파브르는 궁금증을 풀기 위해 직접 비단벌레노래기벌을 관찰해 보기로 마음먹었어요.

'비단벌레노래기벌이 사냥을 어떻게 하는지, 벌침 속에 방부제가 들었는지 알아봐야겠어.'

그런데 파브르가 사는 아비뇽에서는 비단벌레노래기벌을 좀처럼 찾을 수가 없었어요. 한편, 비단벌레노래기벌과 비슷한 왕노래기벌은 많았지요. 파브르는 왕노래기벌을 관찰하기로 했어요.

'왕노래기벌도 비단벌레노래기벌처럼 애벌레를 위해 먹이를 잡아서 보관해. 비단벌레노래기벌 대신 왕노래기벌을 관찰해 보자.'

파브르는 왕노래기벌 집 앞에서 가만히 기다렸어요.

얼마 지나지 않아 왕노래기벌 한 마리가 집 앞으로 날아와 앉았어요. 왕노래기벌은 바구미 한 마리를 안고 나타났어요. 그러고는 곧장 바구미를 끌고 집에 들어갔지요.

'아하, 왕노래기벌은 바구미를 애벌레의 먹이로 삼는구나. 왕노래기벌을 관찰하려면 바구미가 필요하겠어.'

파브르는 숲속과 언덕을 돌아다니며 바구미를 산 채로 잡아 왔어요. 그런 다음 잡은 바구미를 왕노래기벌 집 앞에 놔두었어요.

그런데 왕노래기벌은 파브르가 잡아다 놓은 바구미를 거들떠보지도 않았어요. 자기가 잡은 바구미만 가지고 집 안으로 들어갔지요. 다른 벌집 앞에도 바구미를 놔 보았지만 마찬가지였어요.

'무슨 좋은 수가 없을까? 왕노래기벌이 살아 있는 바구미를 어떻게 다루는지 보고 싶은데.'

곰곰 생각하던 파브르는 기막힌 수를 떠올렸어요.

'그래! 바구미를 몰래 바꿔치기하는 거야!'

잠시 후 왕노래기벌이 또다시 바구미를 끌고 집으로 들어가려고 했어요. 파브르는 재빨리 핀셋으로 죽은 바구미를 치우고, 그 대신에 살아 있는 바구미를 놓았어요.

　왕노래기벌은 살아 움직이는 바구미를 보고 어리둥절했어요. 그러더니 곧 바구미의 등에 올라타서 앞다리와 가운뎃다리 사이를 벌침으로 찔렀지요. 바구미는 죽은 듯이 꼼짝하지 못했어요.

　파브르는 똑같은 실험을 여러 번 했어요. 실험 결과는 항상 똑같았어요.

　'아하, 이래서 바구미가 꼼짝하지 못한 거구나. 그럼 이제는 벌침에 방부제가 들었는지 알아봐야겠어.'

파브르는 며칠 뒤 왕노래기벌의 집에서 바구미를 꺼냈어요. 바구미는 죽었는지 꼼짝하지 않았지만 살아 있을 때처럼 빛깔이 선명했어요. 겉만 생생한 것이 아니었어요. 바구미를 해부해 보았더니 내장도 살아 있는 것 같았어요.

　파브르는 왕노래기벌이 모아 둔 바구미 한 마리를 꺼내 휘발유를 적신 톱밥에 올려놓았어요. 잠시 후 죽은 줄 알았던 바구미가 꿈틀꿈틀 움직였어요.

　"바구미가 살아 있었어!"

파브르는 한 가지 실험을 더 해 보았어요. 암모니아수를 묻힌 바늘로 왕노래기벌처럼 바구미의 앞다리와 가운뎃다리 사이를 찔렀어요. 그랬더니 바구미가 죽은 듯이 꼼짝 못 했어요. 며칠이 지나도록 썩지도 않았지요.

'드디어 알았다! 왕노래기벌의 벌침에는 방부제가 든 게 아니야. 왕노래기벌은 바구미의 신경을 마비시켜 꼼짝 못 하게 한 것뿐이야. 바구미는 계속 살아 있었어.'

 파브르는 왕노래기벌을 관찰해서 알아낸 사실을 논문으로 발표했어요.
 "아니, 이럴 수가. 정말 대단한 연구로군."
 파브르의 논문을 읽은 사람들은 놀라움을 감추지 못했어요.
 파브르는 왕노래기벌과 바구미에 관해 쓴 논문으로 1856년 프랑스 학사원으로부터 실험 생리학 분야의 몽티용상을 받았어요.

파브르는 곤충학자로서 많은 사람들에게 인정받게 되었어요.

레옹 뒤푸르는 파브르에게 축하와 찬사의 뜻을 담은 편지를 보냈어요.

"파브르, 당신은 정말 훌륭한 곤충학자입니다."

영국의 생물학자 찰스 다윈은 파브르를 '최고의 관찰자'라고 칭찬했어요.

프랑스 사람들이 가장 존경하는 과학자 중 한 명인 파스퇴르가 파브르에게 도움을 청하기도 했어요.
　1865년경 파스퇴르는 실을 뽑는 누에 농사를 망치는 병을 연구하고 있었어요. 하지만 병의 원인은커녕 누에에 관해 아는 것도 전혀 없었기 때문에 파브르에게 연락을 했어요. 파브르는 파스퇴르를 만나 기꺼이 누에에 대해 알려 주었어요.

파스퇴르
(1822~1895년)

파브르
(1823~1915년)

곤충학자로서 파브르의 이름은 점점 높아졌어요. 파브르는 르키앙 박물관의 관장을 맡았고, 프랑스 과학 아카데미의 회원도 되었어요.

그러던 어느 날 교육부 장관 뒤루이가 찾아왔어요.

"파브르 선생, 연구에 필요한 것이 있으면 무엇이든 말씀하시오. 내가 도와드리겠소."

"장관님, 저는 더 필요한 것이 없습니다. 제 주위에 곤충들이 얼마든지 있으니, 연구하는 데 어려움이 없습니다."

파브르의 말에 뒤루이 장관은 깜짝 놀랐어요. 다른 사람 같았으면 이것저것 막 도와 달라고 했을 텐데, 파브르는 그러지 않았으니까요.

 파리로 돌아간 뒤루이 장관은 파브르를 여러 번 초청했어요. 하지만 그때마다 파브르는 초청을 거절했어요.

 '높은 자리를 주고 파리에서 일하라고 할지 몰라. 그러면 맘 편히 곤충을 연구할 수 없게 돼.'

그 뒤에도 뒤루이 장관은 파브르를 계속 초청했어요. 더 이상 버틸 수 없던 파브르는 파리로 갔어요. 뒤루이 장관이 파브르를 반갑게 맞아 주었어요.

"나라에서 당신에게 훈장을 주기로 했소."

뒤루이 장관은 기쁜 얼굴로 파브르에게 레지옹 도뇌르 훈장을 달아 주었어요. 프랑스 최고의 훈장이었지요.

다음 날 파브르는 튈르리 궁전으로 가서 황제 나폴레옹 3세도 만났어요.

"그대가 곤충을 연구한다는 파브르요?"

"예, 그렇습니다, 선생님."

파브르는 대답하는 순간 가슴이 덜컥 내려앉았어요. 황제더러 선생님이라고 했으니 크게 잘못한 게 아닌가 걱정이었지요.

하지만 나폴레옹 3세는 파브르의 실수를 전혀 문제 삼지 않았어요. 오히려 곤충에 관해 질문하고 파브르가 들려주는 설명에 귀 기울였지요. 황제는 파브르를 곤충학자로서 존중해 주었어요.

　아비뇽으로 돌아온 파브르는 학교를 다니지 못한 가난한 사람들에게 과학을 가르쳤어요.
　"선생님, 과일나무에 열매가 어떻게 맺히죠?"
　"꽃에는 암술과 수술이 있는데, 수술의 꽃가루가 암술에 옮겨 붙으면 가루받이가 일어나요. 그러면 암술 밑에 있는 씨방 속에서 열매가 맺혀 자라요. 벌이나 나비 같은 곤충들이 꽃에서 꽃으로 돌아다니면서 꽃가루를 옮겨 줘요."
　재미있고 열성적인 파브르의 강의는 인기가 많았어요. 강의실은 수업을 들으려는 사람들로 늘 북적였지요.

파브르가 유명해질수록 파브르를 시기하고 질투하는 사람들도 많아졌어요.

결국 파브르는 아비뇽 사범 학교를 그만둬야 했어요. 엎친 데 덮친다고 파브르네 가족은 세 들어 살던 집에서도 쫓겨났어요. 박물관장 자리에서도 물러나게 되었지요.

'불행이 한꺼번에 닥치는구나…….'

파브르는 너무나 힘들고 고통스러웠어요.

　힘든 일이 많았지만 파브르는 용기를 잃지 않고 곤충 연구에 매달렸어요. 아이들을 위한 과학책도 썼어요. 아들 쥘이 조수 노릇을 훌륭하게 해 주었지요.
　"아빠, 이 말벌 좀 보세요. 먹이를 끌고 가요. 여기 쇠똥구리도 있어요."
　"그래, 어디 보자, 쥘."
　쥘은 파브르를 닮아 자연을 사랑하고 과학과 문학에 재능이 많았어요. 파브르는 쥘을 몹시 아끼고 사랑했어요.

그런데 쥘이 병에 걸려 열여섯 살의 어린 나이로 죽자, 파브르는 큰 충격을 받았어요. 건강도 나빠져서 죽음의 문턱까지 갔다가 가까스로 회복했지요.

파브르는 새로 발견한 벌에 쥘의 이름을 붙였어요.

'내 사랑하는 아들 쥘아, 쥘노래기벌, 쥘코벌, 쥘나니벌을 보고 부를 때마다 너를 기억하마.'

 1879년, 어느덧 쉰여섯 살이 된 파브르는 도시를 떠나 세리냥이란 작은 마을로 이사를 갔어요.

 파브르는 이사한 집을 황무지를 뜻하는 '아르마스'라고 불렀어요. 아르마스는 풀과 나무가 많아서 곤충들에게는 천국 같은 곳이었어요.

 '내가 있어야 할 곳은 바로 여기야. 이곳이야말로 곤충과 가장 가깝게 지낼 수 있는 낙원이야.'

파브르는 곤충 연구에 온 힘을 다했어요. 특히 쇠똥구리를 주의 깊게 살폈어요. 오랫동안 지켜봐 왔지만 쇠똥구리는 아직도 풀리지 않은 수수께끼였어요.

파브르는 만날 양이나 소의 똥 무더기 근처를 돌아다니며 쇠똥구리를 관찰했어요.

그러던 어느 날, 파브르는 희한한 쇠똥 구슬을 하나 발견했어요. 파브르는 고개를 갸우뚱했어요.

'어? 지금까지 본 쇠똥 구슬은 모두 동그랬는데, 이건 한쪽이 볼록 솟아오른 게 꼭 배처럼 생겼네.'

파브르가 서양배처럼 생긴 쇠똥 구슬을 갈라 보았어요. 그 속에 쇠똥구리 알이 있었어요. 오랜 세월 동안 그토록 보고 싶어 했던 쇠똥구리 알을 찾은 거예요.

'와! 드디어 알을 찾았어. 그런데 쇠똥구리 알은 왜 쇠똥 구슬이 불룩 튀어나온 데 있을까?'

파브르는 쇠똥구리를 계속 관찰하고 연구했어요. 그리고 쇠똥구리가 서양배처럼 생긴 쇠똥 구슬에만 알을 낳는 이유를 알아냈지요.

'아, 그렇구나. 알이 숨을 쉬려면 쇠똥 구슬 한가운데보다 바깥쪽이 좋은 거야.'

파브르는 알에서 깬 애벌레가 쇠똥 구슬 안쪽을 파먹으며 공간을 만드는 모습도 관찰했어요.

'몸이 커지는 동안 쇠똥 구슬을 먹어 머무를 공간을 넓히는구나.'

파브르는 쇠똥구리 애벌레가 번데기가 되고, 번데기가 어른벌레가 되고, 어른벌레가 등으로 쇠똥 구슬을 탁 쳐서 깬 다음 세상으로 나오는 과정을 모두 지켜봤어요.

삼십 년 넘게 쇠똥구리를 연구한 끝에 마침내 쇠똥구리의 한살이를 밝혀낸 거예요.

1879년 파브르는 그동안 곤충을 관찰하고 연구한 내용을 책으로 펴냈어요. 바로 『곤충기』라는 책이에요.
　파브르의 『곤충기』는 한 권으로 끝나지 않았어요. 파브르는 곤충들의 천국인 아르마스에서 계속 곤충들과 더불어 살면서 곤충을 관찰하고 연구했어요. 그리고 약 삼십 년에 걸쳐 무려 열 권에 이르는 『곤충기』를 썼어요.

『곤충기』는 단순히 곤충을 관찰한 기록이 아니었어요. 파브르가 곤충을 사랑하는 마음을 아름다운 글로 담아낸 한 편의 기나긴 시와 같았어요.

파브르는 프랑스 곤충학회로부터 돌퓌상을 받았고, 프랑스 과학 아카데미로부터는 프티도르무아상과 쥬니에상을 받았어요. 그리고 나라에서 주는 '레지옹 도뇌르 훈장'을 또 한 번 받았어요.

1910년 4월에는 파브르를 존경하는 사람들이 모여 곤충학자 파브르의 기념회를 열기도 했어요. 스웨덴의 스톡홀름 과학 아카데미로부터 린네상도 받았어요.

프랑스 대통령 푸앵카레는 파브르를 찾아와서 두 손을 잡고 이렇게 말했어요.

"파브르 선생님, 당신은 프랑스의 보배입니다."

1915년 가을, 파브르는 언제나 그랬던 것처럼 방 창문을 열어 두었어요. 창문으로 드나드는 곤충들을 만나고 싶었기 때문이지요.

'곤충들을 보고, 곤충들의 소리를 들을 때가 제일 행복해.'

곤충들이 내는 소리를 들으며 파브르는 천천히 눈을 감았어요.

파브르는 어린 시절을 산에서 보내며 곤충과 친구가 되었어요. 그리고 평생 동안 온 마음을 다해 곤충을 아끼고 사랑했어요. 파브르가 쓴 『곤충기』는 지금도 세계 곳곳에서 널리 읽혀요. 『곤충기』와 파브르의 이야기는 사람들의 마음에 자연과 곤충에 대한 관심과 사랑을 깊게 심어 주고 있어요.

♣ 사진으로 보는 장 앙리 파브르 이야기 ♣

파브르의 영원한 친구, 곤충

파브르는 평생을 곤충과 함께했어요. 파브르가 지켜보고 관찰한 곤충들은 아주 다양해요. 여러 종류의 벌과 나비, 개미, 사슴벌레, 바구미, 풍뎅이, 매미, 사마귀, 파리, 나방, 쇠똥구리 등 수백 종이 넘지요.

파브르는 곤충에 대해서 잘 알기 위해 갖은 노력을 쏟았어요. 파브르의 『곤충기』에는 파브르가 곤충들을 관찰하고 연구한 과정이 자세하게 적혀 있어요.

파브르는 곤충이 사는 곳을

장 앙리 파브르예요. 평생 동안 곤충을 관찰하고 연구했지요.

쇠똥구리가 쇠똥을 동그란 구슬 모양으로 굴리는 모습이에요.
이 쇠똥 구슬 안에 알을 낳는다고 해요.

찾아 들판으로 산으로 황무지로 자연 깊숙이 돌아다녔어요. 곤충을 찾기 위해서 한자리에서 몇 시간씩 기다리는 일도 흔했어요. 노래기벌에게 줄 바구미를 찾을 때에는 사흘을 들판에서 헤맸지요. 쇠똥구리를 키우는 데 쓰려고 마구간지기에게 돈을 주고 말똥을 사기도 했어요. 또 쇠똥구리 애벌레가 든 쇠똥 구슬에 현상금을 걸고 동네 아이들에게 찾아 달라며 부탁하기도 했지요.

파브르와 생각을 나눈 사람들

파브르는 시민을 위한 강좌에서 농민과 노동자는 물론이고 어린 소녀들에게도 식물에 대해서 가르쳤어요. 이를 계기로 영국의 경제학자이자 철학자인 존 스튜어트 밀과 가까워졌지요. 식물학

파브르가 가깝게 지낸 존 스튜어트 밀은 현대 민주주의의 기본이 되는 '표현의 자유'를 주장한 사람이에요.

과 여성의 인권에 관심이 많았던 밀은 파브르와 함께 들판에서 식물을 채집하곤 했었어요.

영국의 생물학자 찰스 다윈은 『곤충기』 1권을 읽고 파브르가 실험한 진흙가위벌의 집 찾는 능력에 깊은 관심을 가졌어요. 그래서 벌을 먼 곳에 데려가 풀어 주기 전에 방향을 알 수 없도록 종이 봉투째로 흔들어 어지럽게 만드는 방법을 파브르에게 제안하기도 했어요. 파브르와 다윈은 편지를 주고받으며 서로의 생각을 나누었지요.

프랑스의 작가 빅토르 위고는 파브르를 가리켜 '곤충들의 호메로스'라고 일컬었어요. 호메로스는 영웅에 관한 아름다운 서사시를 남긴 고대 그리스의 시인이에요. 파브르가 쓴 곤충에 대한 글이 아름답다는 뜻에서 붙인 별명이었지요.

찰스 다윈이에요. 생물이 진화를 통해 오늘날의 모습을 갖게 되었다는 '진화론'을 주장했어요.

파브르의 식물기

파브르는 곤충만 연구한 것이 아니라 식물도 연구했어요. 파브르가 생각하기에 식물과 동물은 형

제나 다름없었어요. 먹고 자라서 자손을 남기며 살아간다는 점은 식물과 동물이 똑같았어요. 다만 그 방식이 다를 뿐이지요.

파브르는 동물과 식물을 모두 잘 알아야 자연의 비밀을 이해할 수 있다고 생각했어요. 그래서 식물이 어떻게 싹을 틔워서 꽃을 피우고 열매를 맺는지 꼼꼼하게 관찰했어요.

벌은 이 꽃, 저 꽃을 다니며 꿀을 먹어요. 이때 벌의 몸에는 꽃가루가 잔뜩 묻지요. 벌이 움직이는 대로 꽃가루가 옮겨지면, 가루받이가 일어나고 식물은 열매를 맺어요.

파브르는 나무의 나이테, 싹이 튼 식물의 떡잎 개수, 줄기와 잎, 암술과 수술, 씨앗을 맺는 가루받이, 씨앗을 간직한 열매 등 식물에 대한 여러 가지 사실을 연구했어요. 그리고 자신이 책을 읽고 직접 관찰하며 식물에 대해 알아낸 사실을 다른 사람에게도 가르쳐 주려고 했어요.

파브르는 식물에 대한 책을 쓰기 시작해서 1867년에 『나무의 역사』를 펴냈고, 1874년에는 『식물학』 교과서를 내놓았어요. 1876년에는 『나무의 역사』에 꽃과 열매에 대한 내용을 더해서 『식물』이라는 책으로 다시 펴냈어요. 파브르가 쓴 식물 이야기에는 『곤충기』와 마찬가지로 자연을 아끼는 마음이 담겨 있어요.

어마어마한 곤충의 세계

식물과 동물을 통틀어서 가장 종류가 많은 생물이 곤충이에요. 기록된 종류만 해도 100만 종이 넘지요. 아직 발견되지 않은 종류를 합하면 훨씬 더 많을 거예요.

곤충은 열대 지방부터 극지방까지, 땅에서 물속까지 다양한 환경에 적응하며 지구 곳곳에서 살고 있어요. 곤충의 몸은 머리, 가슴, 배로 나뉘고, 부드러운 몸을 감싸는 딱딱한 외골격(동물의 몸 겉면에 있는 딱딱한 구조)을 갖고 있어요.

대부분의 곤충은 다리가 6개, 날개는 4개이지만 그렇지 않은 경우도 있어요. 모기는 다리 6개에 날개가 2개예요. 모기의 뒷날개 한 쌍은 변형되어 몸의 균형을 느끼는 기관으로 쓰여요.

곤충이 처음 지구에 나타난 시기는 약 3억 6천만 년 전인 고생대 데본기예요. 당시의 화석에서 톡토기와 비슷하게 생긴 곤충 화석이 발견되었어요.

고생대의 마지막 시기인 페름기(약 2억 9천만~2억 5천만 년 전) 후기에

잠자리가 허물을 벗고 있어요. 곤충의 외골격은 갑옷처럼 몸을 보호하지만 몸이 자라면 맞지 않아요. 그래서 곤충은 몸이 다 자랄 때까지 여러 차례 허물을 벗게 돼요.

오늘날 톡토기는 전 세계에 1500여 종이 살고 있어요. 몸길이는 약 2~3밀리미터에 날개가 없고 폴짝폴짝 뛰어오를 수 있어요. 보통 낙엽이나 썩은 나무 밑에 살아요.

는 오늘날 살아 있는 곤충들과 비슷한 종류의 곤충들이 나타났어요.

바퀴벌레는 석탄기(약 3억 5천만~2억 9천만 년 전)에 처음 나타났는데, 오랜 세월이 지나는 동안에도 크게 달라지지 않은 모습으로 살고 있지요.

약 5천만 년 된 바퀴벌레 허물이 호박 속에서 발견됐어요. 호박은 나무에서 나는 진이 땅속에 묻혀 단단히 굳어진 것인데 곤충이 들어 있는 경우도 종종 있어요.

곤충은 식물이 씨앗과 열매를 맺을 수 있도록 가루받이를 해 주고, 인간과 동물이 남긴 배설물을 분해해 주며, 꿀이나 명주실처럼 인간이 쓸 수 있는 자원을 만들어 줘요. 한편 피를 빨아 먹거나 인체에 기생하고, 전염병을 옮기는 등 사람에게 해를 끼치기도 하지요.

우리나라의 곤충학자들

석주명(1908~1950년)은 나비를 주로 연구한 곤충학자예요. 1931년 송도 고등 보통학교에서 교사로 일하면서 나비를 본격적으로 연구했어요. 1942년에는 아예 학교를 그만두고 전국 이곳저곳을 돌아다니며 나비를 채집했지요.

석주명은 우리나라의 나비를 248종으로 정리하고 각각의 종에 우리말 이름을 붙여 주었어요. 특히 일제 강점기에 일본 동물학자들이 잘못 분류해 놓은 나비 분류를 바로잡는 데 힘을 쏟았지요.

석주명이 1940년에 펴낸 『조선산 나비 총목록』은 영어로 발표되어 세계에 우리나라의 나비를 알리는 계기가 되었어요.

조복성(1905~1971년)은 수하동 보통학교에서 교사로 일하던 1929년, 울릉도의 곤충에 관한 논문을 발표했어요. 우리나라 학자가 쓴 첫 번째 곤충학 논문이었지요.

석주명이 이름 붙여 준 부전나비예요. 어린이들이 쓰는 장식용 노리개를 가리키는 '부전'이란 우리말에서 이름을 따왔어요. 부전나비는 날개 색이 다양하고 화려해서 예쁘지요.

조복성은 조선어 학회와 함께 우리나라 토종 곤충에게 우리말 이름을 찾아 주는 일도 했어요. 또 우리나라의 토종 동물을 찾아 연구하는 데도 힘을 쏟아서 조흰뱀눈나비, 조복성박쥐 등 4종의 동물에 조복성의 이름이 붙여졌어요.

1948년에 조복성은 곤충을 제대로 알리기 위해 『곤충기』를 펴냈어요. 조복성의 『곤충기』에는 우리나라 곤충 60여 종의 생태를 관찰한 내용이 잘 나와 있어요.

이후로도 조복성은 곤충에 대한 연구를 계속해 여러 편의 논문

조복성이 쓴 『곤충기』예요. 이 책에는 조복성이 직접 그린 곤충 그림도 실려 있어요.

『곤충기』를 쓴 조복성의 모습이에요.

과 책을 썼어요. 또한 1963년에 한국 곤충 연구소를 세우고 1970년에는 한국 곤충 학회를 세워 우리나라 곤충을 연구하는 데 더욱더 열중했어요.

함께 보면 쏙쏙 이해되는 역사

◆ 1823년
프랑스 생레옹에서 태어남.

◆ 1839년
아비뇽 사범 학교의 장학생이 됨.

~1820　　　　　　　　　　1830

● 1145년경
『삼국사기』에 해충 관련 내용이 기록됨.

● 1449년경
『고려사』에 해충과 비단벌레에 대한 기록이 있음.

◆ 1866년경
르키앙 박물관의 관장이 됨.

◆ 1879년
『곤충기』 1권을 펴냄.

1860　　　　　　　　　　1870

◆ 장 앙리 파브르의 생애
● 우리나라 곤충 연구의 역사

◆ 1842년
카르팡트라스 초등학교에서 교사로 일함.

◆ 1849년
아작시오 중학교에서 교사로 일함.

◆ 1851년경
모켕 탕동과 함께 코르시카섬을 돌아봄.

◆ 1853년
아비뇽 사범 학교에서 교사로 일함.

◆ 1856년
몽티용상을 받음.

1840　　**1850**

◆ 1886년
레지옹 도뇌르 훈장을 받음.

◆ 1889년경
프티도르무아상을 받음.

◆ 1903년경
쥬니에상을 받음.

◆ 1907년
『곤충기』 10권을 펴냄.

◆ 1910년
린네상을 받음.

◆ 1915년
세상을 떠남.

1880　　**1900~**

● 1940년
석주명이 『조선산 나비 총목록』을 펴냄.

● 1948년
조복성이 『곤충기』를 펴냄.

추천사

「새싹 인물전」을
펴내면서

　요즈음 아이들에게 '훌륭한 사람'이 누구냐고 물으면 '돈 많이 버는 사람'이라고 대답한다고 합니다. 초등학생의 태반은 가수나 배우가 되고 싶어 하고요. 돈 많이 버는 사람이나 연예인이라는 직업이 나쁘다는 것이 아니라, 아이들이 각자가 갖고 있는 재능과는 상관없이 모두 똑같은 꿈을 갖는 것 같아 걱정입니다. 또 한편으로는 아이들이 진정 마음으로 닮고 싶은 사람에 대한 정보가 부족한 것은 아닌가 하는 생각도 듭니다.
　어릴수록 위인 이야기의 힘은 큽니다. 아직 어리고 조그마한 아이들은 자신이 보잘것없다고 생각하고 위인들의 성공에 감탄합니다. 하지만 그네들에게는 끝없이 열린 미래가 있습니다. 신화처럼 빛나는 위인들의 모습은 아이들에게 훌륭한 역할 모델이 되고, 그런 삶을 살기 위해 무엇을 어떻게 해야 할지를 알려 주는 밝은 등대가 됩니다.
　그렇다면 우리가 어른으로서 아이들에게 권해야 할 위인전은 무엇일까요? 보통 우리가 생각하는 '위인'은 훌륭한 업적을 남긴

위대한 사람, 멋지고 능력 있는 사람입니다. 하지만 시대가 변했으니 아이들이 역할 모델로 삼을 수 있는 위인의 정의나 기준도 변해야 할 것입니다.

   그런 의미에서 비룡소의 「새싹 인물전」은 종래의 위인전과는 다른 점이 많습니다. 시리즈 이름이 '위인전'이 아닌 '인물전'이라는 데 주목하기 바랍니다. 「새싹 인물전」은 하늘에서 빛나는 위인을 옆자리 짝꿍의 위치로 내려놓습니다. 만화 같은 친근한 일러스트는 자칫 생소할 수 있는 옛사람들의 이야기를 일상에서 만날 수 있는 재미있는 사건처럼 보여 줍니다.

   또 하나, 「새싹 인물전」에는 위인전에 단골로 등장하는 태몽이나 어린 시절의 비범한 에피소드, 위인 예정설 같은 과장이 없습니다. 사실 이런 이야기들은 현대를 사는 아이들에게는 황당하고 이해하기 힘든 일일 뿐입니다. 그보다는 천 리 길도 한 걸음부터, 큰 성공도 자잘한 일상의 인내와 성실함이 없었다면 이루어질 수 없었다는 것을 알려 주는 것이 중요합니다. 세상 사람들의 우러름을 받는 이들도 여느 아이들과 같은 시절을 겪었음을 보여 줌으로써, 아이들에게 괜한 열등감을 주지 않고 그네들의 모습을 마음속에 담을 수 있도록 해 주는 것입니다.

덧붙여 위인전이란 그 인물이 얼마나 훌륭한 업적을 남겼는가 보여 주는 것도 중요하지만, 얼마나 참된 인간다움을 보였는가를 알려 줄 필요도 있습니다. 여기서 '인간다움'이란 기본적인 선함과 이해심, 남을 위해 봉사할 수 있는 사랑과 배려, 그리고 한 가지 목표를 설정하고 앞으로 나아갈 수 있는 의지와 용기를 말합니다. 성취라는 결과보다는 성취하기 위한 과정을 보여 주고, 사회적인 성공보다는 한 인간으로서 얼마나 자기 자신에게 철저하고 진실했는지를 보여 주는 것이 중요하다는 것입니다.

하지만 아무리 좋은 가르침도 사랑과 따뜻함이 없으면 억누름과 상처가 될 뿐이겠지요.「새싹 인물전」은 나의 노력과 의지에 따라 얼마든지 의미 있는 삶을 살 수 있음을 알려 줍니다. 내가 알고 있는 삶 외에도 또 다른 삶이 존재할 수 있다는 것, 꿈을 키우고 이루어 가는 과정에서 배우고 경험하게 되는 것들의 가치, 그런 따뜻함을 담고 있는 위인전입니다. 부디 이 책이 삶의 첫발을 내딛는 아이들에게 좋은 길잡이가 되었으면 하는 바람입니다.

| 기획 위원
| 박이문(전 연세대 교수, 철학)
| 장영희(전 서강대 교수, 영문학)
| 안광복(중동고 철학 교사, 철학 박사)

● 사진 제공
  66~73쪽_ 위키피디아.

글쓴이 유타루

전북 부안에서 태어나 한국 외국어 대학교 아프리카어과를 졸업했다. 『별이 뜨는 꽃담』으로 창원 아동 문학상과 송순 문학상을 받았다. 지은 책으로 『김홍도』, 『방정환』, 『장영실』, 『촌수 박사 달찬이』, 『마법 식탁』 등이 있다.

그린이 하민석

경남 김해에서 태어나 어렸을 때부터 그림 그리는 것을 좋아해서 만화가가 되었다. 지은 책으로 『안녕, 전우치? 1, 2』, 『탐정 칸의 대단한 모험』, 『이상한 마을에 놀러 오세요! 1, 2』, 『정신 차려, 맹맹꽁!』 등이 있고, 그린 책으로 『천하무적 개냥이 수사대 1, 2』, 『100년 전 우리는』 등이 있다.

새싹 인물전 057

장 앙리 파브르

1판 1쇄 펴냄 2014년 9월 26일　1판 10쇄 펴냄 2020년 5월 22일
2판 1쇄 펴냄 2021년 5월 28일　2판 3쇄 펴냄 2024년 1월 18일

글쓴이 유타루　그린이 하민석
펴낸이 박상희　편집장 전지선　편집 송재형　디자인 박연미, 이유림
펴낸곳 (주)비룡소　출판등록 1994.3.17.(제16-849호)
주소 06027 서울시 강남구 도산대로1길 62 강남출판문화센터 4층
전화 02)515-2000　팩스 02)515-2007　홈페이지 www.bir.co.kr
제품명 어린이용 각양장 도서　제조자명 (주)비룡소　제조국명 대한민국　사용연령 3세 이상

ⓒ 유타루, 하민석, 2014. Printed in Seoul, Korea

ISBN 978-89-491-2937-2 74990
ISBN 978-89-491-2880-1 (세트)

「새싹 인물전」 시리즈

- 001 **최무선** 김종렬 글 이경석 그림
- 002 **안네 프랑크** 해리엇 캐스터 글 헬레나 오웬 그림
- 003 **나운규** 남찬숙 글 유승하 그림
- 004 **마리 퀴리** 캐런 월리스 글 닉 워드 그림
- 005 **유일한** 임사라 글 김홍모·임소희 그림
- 006 **윈스턴 처칠** 해리엇 캐스터 글 린 윌리 그림
- 007 **김홍도** 유타루 글 김홍모 그림
- 008 **토머스 에디슨** 캐런 월리스 글 피터 켄트 그림
- 009 **강감찬** 한정기 글 이홍기 그림
- 010 **마하트마 간디** 에마 피시엘 글 리처드 모건 그림
- 011 **세종 대왕** 김선희 글 한지선 그림
- 012 **클레오파트라** 해리엇 캐스터 글 리처드 모건 그림
- 013 **김구** 김종렬 글 이경석 그림
- 014 **헨리 포드** 피터 켄트 글·그림
- 015 **장보고** 이옥수 글 원혜진 그림
- 016 **모차르트** 해리엇 캐스터 글 피터 켄트 그림
- 017 **선덕 여왕** 남찬숙 글 한지선 그림
- 018 **헬렌 켈러** 해리엇 캐스터 글 닉 워드 그림
- 019 **김정호** 김선희 글 서영아 그림
- 020 **로버트 스콧** 에마 피시엘 글 데이브 맥타가트 그림
- 021 **방정환** 유타루 글 이경석 그림
- 022 **나이팅게일** 에마 피시엘 글 피터 켄트 그림
- 023 **신사임당** 이옥수 글 변영미 그림
- 024 **안데르센** 에마 피시엘 글 닉 워드 그림
- 025 **김만덕** 공지희 글 장차현실 그림
- 026 **셰익스피어** 에마 피시엘 글 마틴 렘프리 그림
- 027 **안중근** 남찬숙 글 곽성화 그림
- 028 **카이사르** 에마 피시엘 글 레슬리 뷔시커 그림
- 029 **백남준** 공지희 글 김수박 그림
- 030 **파스퇴르** 캐런 월리스 글 레슬리 뷔시커 그림
- 031 **유관순** 유은실 글 곽성화 그림
- 032 **알렉산더 벨** 에마 피시엘 글 레슬리 뷔시커 그림
- 033 **윤봉길** 김선희 글 김홍모·임소희 그림
- 034 **루이 브라유** 테사 포터 글 헬레나 오웬 그림
- 035 **정약용** 김은미 글 홍선주 그림
- 036 **제임스 와트** 니컬라 백스터 글 마틴 렘프리 그림
- 037 **장영실** 유타루 글 이경석 그림
- 038 **마틴 루서 킹** 베르나 윌킨스 글 린 윌리 그림
- 039 **허준** 유타루 글 이홍기 그림
- 040 **라이트 형제** 김종렬 글 안희건 그림
- 041 **박에스더** 이은정 글 곽성화 그림
- 042 **주몽** 김종렬 글 김홍모 그림
- 043 **광개토 대왕** 김종렬 글 탁영호 그림
- 044 **박지원** 김종광 글 백보현 그림
- 045 **허난설헌** 김은미 글 유승하 그림
- 046 **링컨** 이명랑 글 오승민 그림
- 047 **정주영** 남경완 글 임소희 그림
- 048 **이호왕** 이영서 글 김홍모 그림
- 049 **어밀리아 에어하트** 조경숙 글 원혜진 그림
- 050 **최은희** 김혜연 글 한지선 그림
- 051 **주시경** 이은정 글 김혜리 그림
- 052 **이태영** 공지희 글 민은정 그림
- 053 **이순신** 김종렬 글 백보현 그림
- 054 **오드리 헵번** 이은정 글 정진희 그림
- 055 **제인 구달** 유은실 글 서영아 그림
- 056 **가브리엘 샤넬** 김선희 글 민은정 그림
- 057 **장 앙리 파브르** 유타루 글 하민석 그림
- 058 **정조 대왕** 김종렬 글 민은정 그림
- 059 **나폴레옹 보나파르트** 남찬숙 글 남궁선하 그림
- 060 **이종욱** 이은정 글 우지현 그림

061	**박완서** 유은실 글 이윤희 그림
062	**장기려** 유타루 글 정문주 그림
063	**김대건** 전현정 글 홍선주 그림
064	**권기옥** 강정연 글 오영은 그림
065	**왕가리 마타이** 남찬숙 글 윤정미 그림
066	**전형필** 김혜연 글 한지선 그림
067	**이중섭** 김유 글 김홍모 그림
068	**그레이스 호퍼** 박주혜 글 이해정 그림

* 계속 출간됩니다.